DE LA
RÉPUBLIQUE D'HAÏTI

ET

DE SON INDÉPENDANCE;

PAR UN FRANÇAIS,

AMI DE LA JUSTICE ET DE LA VÉRITÉ.

> Repassez sur les siècles qui nous ont précédés, et vous verrez que le Seigneur a toujours soufflé sur les races orgueilleuses et en a fait sécher la racine.
>
> MASSILLON. *Pet. Carême.*

AMSTERDAM.

1822.

A Son Excellence

Le Général

Jean-Pierre Boyer,

Président

De la Réépublique d'Haïti.

Hommage de Respect et de

Reconnaissance.

AVANT-PROPOS.

Il est trop vrai qu'au dix-neuvième siècle il faut encore examiner si la France exerce, de fait ou de droit, sur l'île de Saint-Domingue, ce que les publicistes appellent le droit de dominité ou d'empire.

Il est trop vrai qu'il faut agiter encore la question de savoir si le peuple laborieux, qui habite et fertilise cette reine des Antilles, est en rebellion ouverte contre son souverain légitime.

Je ne sais pas si je me trompe, mais cependant les faits parlent d'eux-mêmes, et vingt années me semblent avoir consacré, sans retour, l'indépendance des Haïtiens.

Au surplus, l'existence politique des états fédérés de l'Amérique septentrionale, maintenant reconnue par toute l'Europe, devrait avoir éclairci bien des doutes ; et, d'autre part, la fondation récente de la république de Colombie aurait dû annoncer aux nations civilisées que le pacte social est rompu entre la métropole et les colonies, du moment où la condition essentielle de la conservation a été violée par le pouvoir directeur.

Bien convaincu de ces vérités importantes, j'aborderai franchement la matière; et, dans l'intime persuasion où je suis que je vais remplir les devoirs d'un bon citoyen et bien mériter à la fois de l'humanité en général et de mon pays en particulier, je n'hésiterai pas à soutenir qu'il est du véritable intérêt de la France de reconnaître l'indépendance de la république d'Haïti, pour en venir au plus tôt avec elle à un traité favorable de commerce.

RÉPUBLIQUE D'HAÏTI

DE SON INDÉPENDANCE.

CHAPITRE I.

Aperçus historiques.

L'ILE de Saint-Domingue, au moment où les Espagnols en firent la découverte, contenait au-delà d'un million d'habitans, et portait le nom d'Haïti. Bientôt les traitemens les plus barbares, les travaux les plus rudes, les privations les plus douloureuses, et, ce qui est mieux encore, la perte de la liberté, firent sensiblement décroître cette population insulaire ; et lorsque l'exploitation des mines d'or et d'argent du continent d'Amérique eut exigé la réunion d'un plus grand nombre de travailleurs, et leur remplacement successif, à mesure que les naturels du pays périssaient au fond de ces vastes

abîmes d'épuisement et de misère, les conquérans avides se résolurent à déporter, dans
leurs nouvelles possessions, leurs premiers esclaves, les malheureux Haïtiens. Ainsi l'île
d'Haïti resta déserte dès l'année 1644.

Cherchons maintenant l'origine des droits de
la France sur la plus riche portion de ce pays.

Quelques flibustiers, nés pour la plupart dans
la province de Bretagne, s'étaient associés aux
flibustiers anglais qui avaient choisi pour les
commander leur compatriote *Georges Willis.*
Des dissentions s'élevèrent; les Français furent
chassés de l'île de la Tortue, où la bande aven-
turière avait fixé sa résidence depuis son ex-
pulsion de Saint-Christophe, et ils vinrent
s'établir sur les côtes de la partie occidentale
d'Haïti. Bientôt ils y furent troublés par leurs
redoutables adversaires, et ils allaient tous périr, lorsqu'ils pensèrent devoir appeler à leur
secours le gouverneur général des îles du Vent.
M. *Poincy* accourut au premier signal; il triom-
pha de tous les obstacles, chassa les flibustiers
anglais et s'empara de l'île au nom du Roi de
France.

Henri-Paul d'Angerou, originaire de Normandie, fut le premier gouverneur que la
France envoya à Saint-Domingue, en l'année 1665. Doué d'un vaste génie et plein d'un

brûlant amour pour la justice et l'humanité, on vit Henri d'Angerou administrer avec sagesse, et faire fleurir la naissante colonie.

Le vertueux d'Angerou n'était plus, lorsque l'île de Saint-Domingue fut engagée, par la France, à des compagnies intéressées, et livrée, par là même, à la rapacité bien connue des traitans.

Ce fut dès ce moment que fut imité, par les colons français, l'exemple odieux donné par l'Espagne, et le détestable trafic de l'espèce humaine traîna dès-lors, sur le sol d'Haïti, les tristes enfans de l'Afrique, arrachés par le crime à leurs paisibles foyers, aux caresses maternelles, à leur état politique et à leur croyance.

De jour en jour plus avares, les traitans pressuraient les colons ; et, plus avides à leur tour, les colons commandaient de nouveaux efforts à leurs égaux, devenus leurs esclaves, pour faire rendre à la terre des produits plus abondans.

Ainsi la traite des nègres, dont le nom seul doit révolter toutes les âmes sensibles, devint générale pour accroître la population des Antilles ; et, à l'époque de 1792 , l'île de Saint-Domingue, pour la partie française seulement, comptait cinq cent mille esclaves noirs, presque tous destinés à consacrer leur vie pour fournir au luxe insultant de quelques milliers de colons, pour entretenir leur mollesse criminelle et servir d'aliment à leurs vaines dissipations.

Au moment où éclata la révolution française, l'état d'oppression des noirs de Saint - Domingue était arrivé à son dernier terme : le cri de la liberté retentit à la fois dans tous les cœurs ; les fers avilissans de l'esclavage furent brisés, et tout annonça des jours plus heureux pour les descendans de la population africaine.

CHAPITRE II.

Résultats nécessaires.

Il n'entre point dans mon sujet de m'appesantir sur les premiers effets du débordement licencieux qui, dans les colonies françaises, suivit la publication des décrets de l'assemblée nationale. Quand un torrent vient à rompre ses digues, peut-on calculer l'étendue des terres qu'il doit ravager, les toits paisibles qu'il doit abattre, les moissons qu'il doit disperser.

Je ne parlerai pas non plus de la masse énorme des crimes dont quelques hommes égarés se rendirent coupables, je tairai des noms que doit flétrir l'inexorable histoire, j'étendrai un voile religieux sur le sang des déplorables victimes de la plus aveugle fureur.

Je ne suivrai point les généraux français, Santonax et Desfournaux, sur le sol alors morbifique de Saint-Domingue ; je n'assisterai pas, long-temps après leur retour en France, au supplice odieux réservé au brave Toussaint-l'Ouverture, dans le sombre cachot où sa noble confiance le fit précipiter.

Je ne raconterai ni les fautes du général Leclerc ni les actes de cruauté des hommes qui l'accompagnèrent.

Je me contenterai enfin de signaler l'extravagance de l'empereur Dessalines et la férocité du roi Christophe, pour m'arrêter ensuite, avec complaisance, à ces jours de paix et de bonheur qui virent fonder la république d'Haïti, et porter, par des vœux unanimes, le général Alexandre Pétion à la première magistrature. Dès ce moment, le calme se rétablit, les traces de l'ouragan révolutionnaire s'effacèrent, un nouveau soleil brilla sur Haïti, on y connut des lois, une police, des institutions ; les esclaves, devenus citoyens par leur courage, eurent une famille, une patrie, et, libres sur le sol si long-temps témoin de leurs larmes, ils purent s'écrier : Eh ! nous aussi nous avons part à l'héritage légué par le ciel à toute la race humaine !

C'en est fait, les colons avides ont fui ces bords où ils ne peuvent plus commander en souverains ; ils sont allés porter en France et leur rage et leur désespoir ; ils ont été témoins du désastre de ceux qu'ils avaient appelés pour les défendre, et ils oseront sans doute encore, y solliciter de nouveaux secours.

Cependant Haïti prenait une face nouvelle sous les douces lois du sage Pétion ; la ligne des droits et des devoirs avait été tracée, le pacte social existait, l'état politique des citoyens était fixé, et l'exacte division des pouvoirs était déterminée.

Le moment n'était pas éloigné où le glorieux Pétion devait payer son tribut à la nature et s'endormir avec ses pères ; il mourut en désignant, en quelque sorte, à la reconnaissance publique, le général Jean-Pierre Boyer pour son successeur.

Seul, peut-être, le général Boyer pouvait consoler les Haïtiens de la perte de celui qu'ils appelaient leur père ; on a vu ce grand citoyen en effet se complaire à marcher, comme son illustre prédécesseur, dans les sentiers de la justice et de la sagesse.

S'il est permis de juger de l'arbre par les fruits, que ne doit-on pas dire du vertueux magistrat qui a su commander ainsi à tout un peuple l'estime, l'admiration et la confiance ? comment donner d'assez justes éloges à l'homme vertueux dont la conduite fut un reproche vivant pour le despote qui, foulant aux pieds une liberté encore mal affermie, osait affecter l'orgueil et la pourpre des souverains? quelles bénédictions n'a pas méritées le chef dont la voix appaise les guerres civiles, et qui, sans efforts, fixe les peuples sous sa domination libérale!

Ce vertueux magistrat, ce grand citoyen, ce chef illustre, c'est BOYER, l'ami des hommes, le père de tous les Haïtiens. Toutes les vertus il les met en pratique; toutes les connaissances sont de son domaine; érudit sans orgueil, généreux sans ostentation, sensible sans faiblesse, indulgent pour autrui, et sévère pour lui-même, tel est le successeur d'Alexandre Pétion.

CHAPITRE III.

Objections et réponses.

___

Les anciens colons de Saint-Domingue ne craignent pas de demander en vertu de quel droit leurs esclaves noirs ont secoué le joug qui les flétrissait, et se sont armés pour faire la conquête du territoire qu'ils avaient défriché pour leurs oppresseurs, et qu'ils étaient destinés à arroser toujours de leur sang et de leurs larmes.

Sur ce point la réponse devient facile.

La raison et l'expérience révèlent à l'homme qu'il existe un pouvoir répressif et vengeur dans la force de réaction, dans le mobile d'équilibre et de justice dont l'univers entier ressent l'influence, et que ce pouvoir répressif exerce une puissance inévitable sur tout ce qui existe dans la nature.

C'est par la force de ce principe que l'arbre courbé violemment vers la terre rompt ses liens et se relève bientôt avec rapidité ; que le balancier revient sur lui-même; que l'air et le feu comprimés éclatent avec fureur.

C'est par son influence que les hommes, qui refusent d'écouter leur raison, qui abandonnent le chemin que leur traçaient l'honneur et la vertu, courent infailliblement à leur ruine, et attirent sur eux toutes les peines, les infirmités et les maux qui peuvent rendre leur vie et leur mort également douloureuses.

C'est par cette influence invisible et secrète, mais réelle et sensible, que les peuples eux-mêmes, abandonnés de l'esprit d'équité et livrés aux égaremens de l'ambition et des conquêtes, attirent infailliblement sur eux les foudres vengeresses du suprême moteur de l'univers.

Or, est-il douteux maintenant que les colons, en achetant à prix d'or, les noirs, enfans de l'Afrique, pour les faire descendre de leur dignité d'êtres souverainement intelligens et raisonnables, à l'état avilissant de la brute, avaient violé les plus saintes lois de l'humanité? le code noir avait-il été rédigé pour des hommes, ou pour des animaux immondes? Ah! sans doute l'équilibre était rompu, l'Éternel était outragé dans son plus bel ouvrage.

Dieu avait fait de l'homme un être de paix; en lui déniant toutes armes, en le créant nu;

le premier des êtres était ainsi destiné à se présenter au milieu des tribus, de toutes les créatures, comme pacificateur et législateur : exercer la guerre, abuser de la fraude ou de la violence, pour opprimer et détruire nos semblables, c'est donc nous ravaler au rang des tigres et des léopards.

S'il est vrai que l'égalité naturelle existe, s'il est vrai que la raison soit un droit commun à tous les hommes, l'esclavage est un crime, c'est une violation du plus sacré des droits, c'est l'abus de la force ; et le traité qui le consacre ne peut jamais lier l'innocente victime que des mains coupables ont livrée à des bourreaux inhumains.

Le bonheur de chaque homme, a dit un sage de l'antiquité, dépend de la conduite qu'il tient envers les autres hommes ; nul n'est assez puissant pour avoir lieu de penser que, quoiqu'il fasse injustice, on ne sera pas en état de lui en faire. Quelle funeste erreur ! n'est-il pas véritable qu'on est moins en état d'offenser que d'être offensé ; car entre dix personnes égales, chacune a moins de force contre neuf, que neuf n'en peuvent avoir contre une seule. Si la justice ne régnait pas parmi les hommes, le plus puissant d'entre eux courrait risque de perdre la vie, toutes les fois qu'une seule personne aurait intérêt de le faire périr, et cette même personne donnerait à ses pareils l'exemple d'entreprendre la même chose contre elle.

Sera-ce bien aux anciens colons de St.-Domingue qu'il sera permis d'invoquer les lois de la justice? Étaient-ils justes, quand ils marquaient d'un fer rouge, au front, le malheureux esclave qui, las de sa chaîne, avait été surpris dans sa fuite? étaient-ils justes, quand ils arrachaient de tendres enfans à leurs mères pour les vendre au premier acquéreur? étaient-ils justes, quand ils attelaient les noirs à côté des animaux qui devaient labourer leurs champs arides? étaient-ils justes, lorsque, dans leur barbarie, ils coupaient les jarrets aux esclaves déserteurs? étaient-ils justes, ces sybarites du nouveau monde, qui, pour assouvir leurs passions brutales, ne craignaient pas de profaner le sanctuaire de l'hymen? Oh! sans doute, c'est par un juste retour du sort qu'ils sont tombés du faîte de leur puissance, qu'ils ont vu leurs somptueuses habitations devenir la proie des flammes, et qu'un sol qu'ils fatiguaient par leur avarice est passé dans les mains de leurs victimes.

Mais quoi! n'entends-je pas les anciens colons de Saint-Domingue invoquer les droits sacrés de la propriété, seule base de l'organisation sociale et l'une des premières garanties que l'homme

soit venu chercher en se réunissant à ses semblables ?

Le premier, je rends hommage à ce principe conservateur de l'ordre social ; mais à quels
titres étaient-ils propriétaires du sol ? à quels
titres étaient-ils propriétaires du sang de leurs
esclaves ?

Par rapport au sol, nous savons déjà comment les fiers Espagnols s'en étaient rendus possesseurs, en immolant toute la population qui,
dans la pureté inconnue alors de l'ancien monde,
goûtait toutes les douceurs de l'existence ; nous
savons déjà comment quelques aventuriers français fondèrent plus tard une colonie sur les
côtes de la partie occidentale ; nous savons
enfin à quel titre le pavillon de nos rois vint
flotter sur ces bords.

Ainsi, dans l'origine, tout se réduisit à violer
tous les droits de la propriété, à troubler une
possession paisible, à tuer à main armée les
possesseurs légitimes pour s'emparer inhumai-
nement de leurs savanes, de leurs forêts, de
leurs fleuves et de leurs habitations.

Tels furent les barbares dont ls anciens colons
de St.-Domingue revendiquent aujourd'hui les
droits ; à peine trois siècles sont écoulés, et ils
pensent qu'une odieuse usurpation est effacée
de la mémoire des hommes ?

2 *

C'est donc un devoir pour l'écrivain philosophe de déchirer le voile de l'imposture et de mettre au grand jour d'austères vérités. Quels étaient pour la plupart ces planteurs, marchands de chair humaine? quels furent leurs aïeux? quel rang occupaient leurs pères dans la société? quel motif les détermina à l'expatriation? quels nobles sentimens les portèrent à rechercher les plages d'un nouveau monde? Rougissons ici pour quelques-uns d'entre eux, et osons renvoyer leurs descendans aux greffes des siéges criminels et aux registres des bagnes pour y découvrir la cause première qui les fit naître au rang des colons.

Je ne dissimulerai pas toutefois qu'il existait jadis à Saint-Domingue des familles respectables, et dont la fortune territoriale pouvait être avouée par l'honneur, leur possession avait peut-être purifié la possession illégitime de leurs devanciers; mais si leur conduite faisait oublier l'usurpation, elle n'en détruisait pas le vice; et dès-lors, aux yeux de la justice et de la religion, le seul véritable propriétaire du sol était l'homme de couleur qui en avait payé dix fois le prix au planteur avare, en l'arrosant des flots de sa sueur.

En Europe, le laboureur qui défriche une terre inculte, qui la couvre bientôt par ses

constans efforts de moissons et de fruits, ac-
quiert pour toujours à ses descendans un droit
légitime à la moitié de cette terre fertilisée, et
une aussi juste concession faite par le propriétaire lui-même se trouve consacrée par
nos lois sous le nom de bail *emphytéotique*.
Pourquoi donc l'esclave noir, toujours pauvre,
toujours malheureux, aurait-il été à jamais
privé de la douceur de posséder, pendant sa
vie l'étroit espace qui devait lui servir de tombeau? est-ce parce qu'il étoit esclave? qui l'en
avait rendu? La nature l'avait fait libre, et le
plus honteux préjugé l'avait seul dépouillé du
plus beau de ses droits.

Que les Romains aient assujetti à l'esclavage
les ennemis qu'ils avaient vaincus, en leur fai-
sant grâce de la vie (1), c'était peut-être un
bienfait pour quelques hommes dégradés, véritablement nés pour la servitude. Mais que
pouvaient donc être les colons de Saint-
Domingue à l'égard des malheureux enfans
de l'Afrique? les avaient-ils jamais combattus au
péril de leurs jours? Vainqueurs, avaient-ils pu
opter entre le droit qu'ils avaient de les égorger
pendant qu'ils étaient sans défense, ou d'en
faire leurs esclaves? Non, sans doute, pendant

---

(1) L'étymologie du mot *servi* ne vient point de ser-
viendo, mais de *servando*.

qu'au sein des voluptés, ils passaient leur vie sous le brûlant tropique, de coupables agens, chargés de brillantes bagatelles et de liqueurs fortes, allaient sur les plages de l'Afrique tenter la frivolité ou l'intempérance, et, à l'aide des plus insidieuses manœuvres, ravir une multitude d'infortunés à leur patrie et à leur toit hospitalier. Les voyez-vous entassés au fond d'un navire qui les contient à peine ? entendez leurs cris, et jugez de leur désespoir, traînés comme de vils animaux sur une autre partie du monde. Un peu d'or les fait tomber dans le patrimoine des colons, et cet or est lui-même le fruit amer des sueurs de la race africaine précédemment conduite sur ces tristes bords.

De quel droit alors le colon oserait-il se dire maître et seigneur d'un homme semblable à lui, intelligent comme lui, propriétaire comme lui dans le pays qui l'avait vu naître, libre enfin comme lui sous la voûte des cieux, avant que la force de plusieurs ne triomphât de sa force, avant que la ruse ne l'eût fait tomber entre leurs mains ?

Non, les colons de Saint-Domingue n'ont jamais été propriétaires des esclaves noirs de l'Afrique; ce qui est criminel ne peut jamais être légitime.

Et n'aperçoit-on pas ici que, lorsque l'ordre naturel est interverti, tout est permis aux opprimés pour reprendre la place qui leur fut assignée, par le créateur, sur la terre ?

Pourquoi, diraient aujourd'hui les Haïtiens avec une juste raison, pourquoi nous avoir arrachés à notre patrie originaire ? pourquoi nous avoir privés des caresses de nos parens, des biens qui devaient être notre héritage, de l'état qui nous attendait dans la société ? pourquoi avoir flétri nos âmes ? pourquoi nous avoir soumis aux plus rudes travaux ? pourquoi, par les traitemens les plus odieux, avoir lassé notre résignation et réveillé notre courage ? pourquoi, puisque nous vous nourrissions de nos sueurs, votre main avare nous refusait-elle les alimens nécessaires à notre existence ? pourquoi n'avez-vous pas senti que, créatures d'un même dieu, nous avions quelques droits à partager vos jouissances et à trouver au moins dans cette île, où la férocité nous avait conduits, la faible partie de cette terre, mère nourrice du genre humain, et au partage portionnel de laquelle nous avions à la fois un droit imprescriptible en notre seule qualité d'hommes, et un droit plus légitime encore qu'on pouvait faire découler de nos pénibles travaux ?

Certes, les anciens colons de St.-Domingue ne pourraient répondre ici à leurs victimes, par le motif remarquable que, tout-puissans pour faire le mal , ils restent impuissans pour faire le bien.

Pourraient-ils en effet cicatriser des blessures qui saignent encore? pourraient - ils ranimer la cendre des innombrables Africains dont les os reposent sans honneur à l'ombre des forêts d'Haïti? pourraient-ils rendre à leurs descendans la libre possession de la terre natale? qu'ils parlent s'ils peuvent opérer ces prodiges ; au-dessus de la puissance humaine, un doux espoir peut germer dans leurs cœurs.

S'ils font au contraire l'aveu de leur impuissance, qu'ils renoncent pour toujours au sol d'Haïti ; ils ne le souilleront plus par leur présence, une population généreuse se levera tout entière à leur approche, et au besoin les morts sortiront du tombeau pour les repousser.

Après avoir établi qu'en droit et en équité, le territoire d'Haïti appartient légitimement à ses valeureux habitans, j'aurai peu d'efforts à faire pour prouver qu'ils ont pu déclarer leur indépendance, et se constituer en gouvernement républicain, sans se mettre en rebellion ouverte envers la France, leur mère-patrie.

Essayons de justifier cette opinion, non par de vains sophismes, mais par des principes constans.

On a dit, et ce fait est incontestable, que la terre appartient aux hommes en général ;

destinée par le créateur à être leur habitation commune, tous tiennent de la nature le droit d'y habiter, et d'en tirer les choses nécessaires et convenables à leurs besoins.

On sentit bientôt, dans les premiers âges, que la terre n'était plus capable de fournir d'elle-même et sans culture à l'entretien de la masse de ses habitans; et dès-lors sa culture devenait impossible, si elle eût appartenu en commun à des peuples vagabonds.

Cette idée détermina l'établissement de chaque peuplade dans des lieux plus ou moins fertiles dont elle s'attribua l'*appropriance*.

Dès ce moment, le droit commun à tous les hommes fut restreint à l'étendue que chaque peuplade occupait et possédait en particulier, et les subdivisions qui furent faites peu après de ces portions de terrains particulières à tous les chefs de famille attachés aux différentes peuplades, constituèrent, en faveur des individus, un droit social et exclusif appelé droit de propriété.

Ainsi le droit de propriété traîne après lui l'idée d'une société politique, d'un établissement national propre à faciliter la culture des terres et à fournir aux hommes agrégés à la cité des moyens de subsistance pour le prix de leurs soins et de leurs efforts.

La propriété, en tant qu'elle est attachée à l'établissement de chaque société politique, comprend le domaine et l'empire.

Par l'exercice du domaine, toute société politique peut user seule du pays qu'elle occupe, pour tout ce qui est nécessaire à ses besoins.

Par l'exercice de l'empire, qu'on peut appeler aussi souverain commandement, elle ordonne et dispose à sa volonté de tout ce qui se passe dans le pays. Montesquieu enseigne que, lorsqu'une nation ou un peuple s'empare d'un pays par droit de conquête, il le traite d'une des quatre manières suivantes (1) :

1° Il continue à le gouverner selon ses lois, et ne prend pour lui que l'exercice du gouvernement politique et civil;

2° Il lui donne un gouvernement politique et civil;

3° Il détruit la société et la disperse dans d'autres;

4° Il extermine tous les citoyens.

Dans le premier cas, il est clair que les conquérans ont renoncé au domaine, en tant qu'il se compose de la réunion de propriétés particulières.

____

(1) Esprit des Lois, liv. x, chap. 111.

Dans le second cas, ils se bornent à modifier l'ordre précédemment établi.

Dans le troisième cas, sans se rendre précisément maîtres du domaine, ils en subordonnent l'exercice à des règles nouvelles.

Dans le quatrième cas enfin, ils réunissent à la fois le domaine et l'empire ou la dominité.

En foulant le territoire d'Haïti, les conquérans espagnols s'emparèrent à la fois du domaine et de l'empire, puisqu'ils firent périr toute la population indigène.

Les aventuriers français, qui succédèrent aux Espagnols, sur les côtes occidentales du territoire d'Haïti, s'emparèrent à la fois du domaine et de l'empire, puisqu'après une conquête qui résultait de leur seule occupation, ils formèrent une société politique et se régirent par leurs lois.

A son tour enfin, le gouvernement de la France fit la conquête de la partie occidentale d'Haïti, en expulsant les flibustiers anglais qui voulaient l'envahir; et, en s'emparant de l'empire, il abandonna le domaine, c'est-à-dire la réunion de toutes les portions de propriété aux possesseurs, qui dès-lors se reconnurent sujets du Roi de France, et qui furent gouvernés par les agens de son pouvoir souverain.

Or, que l'on me dise maintenant quels

étaient, en 1792, les véritables sujets de la France à Saint-Domingue? Les seuls colons.

Quels hommes avaient prêté serment au gouvernement établi dans la mère-patrie? Les seuls colons.

Quels hommes jouissaient dans l'île des droits et des prérogatives du citoyen? Les seuls colons.

Quels hommes se montraient fiers de leur dépendance? Les seuls colons.

Mais les noirs transportés des déserts de l'Afrique n'étaient pas sujets de la France;

Ils ne reconnaissaient pas les lois du gouvernement français;

Ils vivaient sous le joug de leurs maîtres; ils étaient exclus du rang de citoyens;

Ils étaient placés dans la classe des animaux domestiques;

Ils n'étaient liés par aucun serment. Eh! quel serment d'ailleurs pourrait être réputé valable, lorsqu'il a été commandé par la force et l'impérieuse nécessité.

Une guerre à mort s'est déclarée entre les maîtres et les esclaves; l'amour de la liberté a retrempé des âmes que le malheur avait long-temps flétries : les oppresseurs ont les premiers tiré le glaive. Les victimes ont formé une confédération, et la victoire leur est restée.

Les colons de Saint-Domingue, alors seuls

sujets de la France, seuls soumis à ses lois, ont dû fuir une terre où leur domination était pour toujours anéantie; et les esclaves, devenus libres et conquérans, s'y sont emparés à la fois du domaine et de la souveraineté, en usant simplement de leurs droits de conquête.

A quel titre la France possédait-elle les côtes occidentales d'Haïti? A titre de souveraineté, c'est-à-dire que son pouvoir s'étendait sur les personnes et non pas sur le territoire.

Or, les personnes sout venues se ranger sous sa domination ; elles sont venues chercher un asîle au sein de la mère-patrie : le gouvernement français les a accueillies, les a protégées; c'était là son premier devoir, puisque les colons de Saint-Domingue étaient ses enfans.

Mais que devaient désormais au gouvernement de la France les infortunés qu'un crime avait arrachés à leur terre natale, et que leur courage venait de rétablir dans leur dignité d'hommes et de citoyens? quel compte avaient-ils à rendre des fruits de leur conquête? quel acte de soumission devait-on attendre d'eux?

Affranchis de leurs chaînes, était-il permis de croire qu'ils viendraient en solliciter encore?

Qu'avaient-ils reçu de la France? Des outrages et des mépris.

C'était la France qui avait autorisé le trafic honteux de l'espèce humaine.

C'était la France qui avait donné aux planteurs une sorte de droit de vie et de mort sur leurs tristes victimes.

C'était la France qui avait permis à leur égard la violation des plus saintes lois.

C'était la France qui leur interdisait le titre d'époux et le titre de pères.

C'étaient les lois de la France qui les plaçaient légitimement sous un joug de fer, et les livraient, pendant tout le cours de leur vie, à d'intolérables tourmens. Etait-il donc possible que les regrets des Haïtiens régénérés se tournassent vers les bords de la France où vivaient encore leurs bourreaux, où leur langue de feu se répandait contre eux en calomnies atroces, où leurs mains homicides aiguisaient contre eux le glaive des vengeances ?

Non, les Haïtiens portèrent leurs regards vers le ciel qui les créa libres ; ils descendirent dans leur propre conscience, et les seuls cris qui s'échappèrent du fond de leurs entrailles furent des cris de liberté !

Au nom seul de la liberté, des héros sortirent de leurs rangs ; ils se montrèrent, et l'attitude des Haïtiens devint menaçante.

Conquérans et maîtres légitimes de leur conquête, puisqu'elle était pour eux la représentation des biens dont eux ou leurs pères avaient été dépouillés par leurs ravisseurs, les Haïtiens virent tout-à-coup fondre sur leurs rivages l'armée belliqueuse des Français. Ils venaient en apparence, ces braves, ces valeureux soldats, revendiquer un droit frivole de souveraineté, mais ils n'étaient en effet que les instrumens des vengeances des colons tyrans du Nouveau-Monde.

Le ciel se déclara pour les Haïtiens ; des torrens de sang inondèrent leur sol ravagé par la guerre, mais ils restèrent les vainqueurs, et conquirent une seconde fois par les plus nobles efforts leur territoire et la liberté.

Ce fut alors que, victimes de l'ambition de quelques hommes, les peuples d'Haïti durent compter pour un temps des maîtres dans leurs égaux. Dessalines et Christophe s'élevèrent tour à tour par leur audace à l'autorité suprême, l'un à l'occident d'Haïti, l'autre au nord: Ils sont tombés du haut de leur puissance, ces dominateurs orgueilleux ; et la république haïtienne, heureuse de la réunion qui vient de s'opérer par la seule force des choses entre les anciennes possessions espagnoles situées à l'orient, et les anciennes possessions que gouvernait la France, avant 1789, ne forme plus qu'une même famille sous un même gouvernement doux et paternel.

Les Haïtiens ont proclamé leur indépendance; ils en ont eu le droit, puisqu'ils possèdent à titre de conquérans le territoire qu'ils habitent, et qu'ils sont investis à la fois du domaine et de la souveraineté. Ce domaine, ils l'ont acquis par leur sang et par leur courage ; cette souveraineté, ils l'ont acquise par leur sagesse, par la légitimité de leurs vues, par la pureté de leurs intentions, par leur justice envers leurs voisins, par la saine morale qu'ils professent, par leur respect enfin pour tous les droits inhérens à l'espèce humaine.

Ils se refusent justement à toute influence étrangère. La guerre les a formés à la grandeur d'âme, à l'adresse, au sang froid, au mépris de la mort, sans lesquels les hommes ne peuvent jamais se répondre qu'ils ne commettront pas toutes les lâchetés et bientôt tous les crimes.

La guerre leur a enseigné tous les dévouemens héroïques; elle leur a fait contracter des amitiés sublimes; elle les a unis de liens plus étroits, d'une part à la patrie, et de l'autre à leurs compagnons d'armes.

Or, nul doute qu'une nation qui réunit à l'ardeur guerrière les plus hautes vertus ne soit invincible, lorsqu'il s'agit de sa défense légitime; le patriotisme, l'amour de la justice, toutes les affections nobles et sacrées conduisent tous les citoyens au combat.

La république d'Haïti est assez forte pour n'avoir rien à craindre de ses ennemis; à défaut de ses armes, son ciel dévorant combat pour elle; mais la république d'Haïti est assez civilisée pour que la guerre lui soit à charge : sa tendance uniforme est vers la paix; elle est arrivée à l'époque du commerce, époque qui doit nécessairement remplacer dans les deux mondes celle de la guerre, comme l'époque de la guerre a dû nécessairement la précéder.

Il est à croire que, tant que des débris de raison surnageront en Europe, tant que le mot de modération ne présagera pas la violence, tant que le mot de justice n'annoncera pas l'iniquité, tant que les droits sacrés de la nature ne seront pas l'objet d'un trafic criminel, les Haïtiens jouiront sans trouble de leur indépendance, et ne compteront dans tous les peuples que des égaux et des amis.

Me faut-il ajouter ici que les Haïtiens ne peuvent, sous aucun rapport, être considérés comme des rebelles envers la France; car ils ne lui ont jamais appartenu, ils ne lui ont jamais rien promis, ils ne lui firent jamais aucun serment. On ne peut pas soutenir davantage qu'ils soient rebelles envers leurs maîtres : leurs maîtres, disent-ils, parce qu'ils les avaient achetés et payés de leurs deniers ; car il n'est plus douteux aujourd'hui que la traite des nègres ne soit un crime qui offense le ciel et la nature, et que, par là même, tout contrat qui porte atteinte à la liberté de l'homme est nul de plein droit.

Il ne peut exister de rebellion que de la part de celui qui se refuse à obéir à l'autorité qu'il a consenti à établir. Un tel pacte est permis, parce qu'il a pour objet la conservation des subordonnés ; mais ce pacte est volontaire, il n'est pas l'effet de la contrainte, et, par ce seul motif, il ne peut être rompu que par un consentement mutuel, si le patron s'oppose à l'anéantissement du pacte, et que le subordonné refuse d'obéir ; c'est alors qu'il y a rebellion, et que la force coërcitive peut frapper le rebelle.

Mais qu'il y a loin de cette hypothèse avec l'odieux contrat qui intervient entre un capitaine négrier et un colon de l'Amérique ; la victime n'entend rien aux conventions coupables dont elle devient l'objet ; tout entière à sa douleur, elle ne promet rien, ne s'engage à rien, et ne songe en secret qu'à briser la chaîne qui l'accable, certaine qu'elle est de faire un acte fondé sur l'exacte justice et non par un pacte de rebellion.

Je n'ai pas besoin d'ajouter que les sangs mêlés de Saint-Domingue se font gloire de partager le sort de leurs frères ; tous ont abjuré le sang français ; c'est au sang africain qu'ils sont redevables de leur courage énergique, et sans doute des hautes vertus qui les ont placés si haut dans l'échelle des êtres.

Leurs pères, les barbares colons, les avaient méconnus ; ils avaient été pour eux des parâtres, et des lois féroces les avaient exclus de leur succession. Il fallait donc qu'un noble orgueil s'emparât de leurs âmes généreuses, et leurs glorieux faits d'armes ont prouvé que, pour s'illustrer, ils n'avaient pas besoin d'aïeux.

CHAPITRE IV.

Question d'économie politique.

L'histoire atteste que les anciens n'avaient eu pour objet, en établissant des colonies, que celui de chercher de nouveaux moyens pour assurer l'existence d'une population toujours croissante, parce que leurs lois, leurs mœurs, le climat de l'Asie, celui de la Grèce, de l'Afrique et de l'Italie favorisaient extrêmement la multiplication des hommes.

Les habitans de Tyr, d'Athènes, de Carthage et de Marseille étant devenus navigateurs et commerçans, on s'aperçut bientôt de l'accroissement de puissance que ces établissemens donnaient à l'État ; et, quoique les Romains fussent plus portés vers l'esprit militaire que vers les paisibles travaux du commerce, on les vit fonder des colonies pour étendre leur gloire et leur domination, comme les Grecs et les Carthaginois en avaient établies pour augmenter la masse de leurs richesses.

Après la découverte du cap de Bonne-Espérance et de l'Amérique, les peuples modernes voulurent suivre l'exemple donné par les Portugais et les Espagnols. Ils fondèrent des colonies dans des parties du globe qui leur échurent dans le partage du Nouveau-Monde; mais ces colonies ne furent dès-lors considérées que comme des moyens exclusifs d'augmenter leur commerce. Les Français, les Anglais et les Hollandais pensèrent que les colonies ne devaient avoir de relations qu'avec leur métropole; que par là même tous les vaisseaux étrangers devaient être bannis de leurs ports, et que leurs lois, leurs richesses, leur défense, tout devait dépendre de la mère-patrie. C'était là une erreur grossière, et c'est précisément à cette erreur qu'il faut attribuer le redoublement de jalousie qui s'empara de tous les peuples, et les efforts que chacun d'eux a faits depuis pour enlever aux autres ces précieuses possessions, et enfin la tendance qu'ont toujours montrée les colonies elles-mêmes pour s'affranchir d'un joug intolérable.

Voilà le mal pour le passé; le remède pour l'avenir serait peut-être dans une conduite contraire.

Après ces préliminaires indispensables, la première question générale qui se présente à mon examen, est celle de savoir si les colonies sont utiles à la métropole ; on sent du reste que c'est comme si j'examinais si la France a besoin de colonies.

Un grand nombre d'écrivains recommandables ont soutenu et prouvé, par des raisons puissantes, que les colonies, loin d'être une source de prospérité pour la mère-patrie, étaient au contraire une cause de faiblesse prochaine pour elle.

Le célèbre Arthur Young s'est principalement appliqué à établir que la France et l'Angleterre perdaient considérablement dans leurs relations coloniales, et que les capitaux immenses, employés par ces deux puissances à faire valoir leurs possessions d'Amérique, le seraient beaucoup plus utilement à améliorer la culture de leurs terres en Europe.

Je partage entièrement cette opinion, et je pense que la difficulté a été considérée sous son véritable point de vue.

« La possession de l'île à sucre, dit cet écri-
« vain judicieux, éblouit l'espèce humaine qui
« n'examine jamais les choses que d'un côté,
« quand elle regarde la navigation, la réexpor-
« tation, les profits du commerce et une grande
« circulation ; que l'on tourne la médaille, et
« l'on apercevra, faute de ces capitaux détournés

« de la mère-patrie, une culture languissante,
« des canaux suspendus et des canaux impra-
« ticables...
....
« On ne balance pas la culture de la Martinique
« avec les landes de Bordeaux, la culture de
« Saint-Domingue avec les déserts de la Bre-
« tagne, les richesses de la Guadeloupe avec
« la misère de la Sologne. Quand on achète les
« richesses de l'Amérique par la pauvreté et la
« détresse de provinces entières, comment peut-
« on être assez aveugle pour croire la balance
« avantageuse ? »

A l'appui de cette doctrine, Arthur Young
soutient que la plus grande prospérité de l'Angleterre date du moment où elle a perdu l'Amérique septentrionale ; d'où il conclut avec raison
que toute possession éloignée doit être considérée par tous les états européens comme un
principe de pauvreté et de faiblesse.

Certes, il ne faut pas le dissimuler, les vices
de la législation agricole en France, les vices
du système financier, rendent la circulation
des capitaux insuffisante pour les besoins ; et
si la position actuelle rendait possible le rétablissement de ses colonies, on peut affirmer
d'avance que ce serait le dernier coup porté

à son agridulture, à ses manufactures et à son commerce.

Ce rétablissement en effet entraînerait une immense exportation de numéraire; et, quelque rapaces et industrieux que fussent les colons, leurs bénéfices leur seraient enlevés en grande partie par le commerce des États-Unis et de la Grande-Bretagne; il faudrait, en outre, revenir sur cette convention européenne dictée par la justice et la religion, qui proscrit la traite des nègres, il faudrait rester sourd aux supplications de la chrétienté qui invoque le retour aux principes, il faudrait étouffer les cris de ces congrégations généreuses, qui s'occupent d'étendre les lois saintes de la morale, les cris de ces hommes d'état qui du haut de la tribune aux harangues rappellent aux souverains les droits imprescriptibles de l'humanité.

Toutes les difficultés qui naissent de la matière, se réduisent ici à un seul mot. Lorsqu'un peuple cultive mal son territoire, lorsqu'un tiers de ce territoire est en friche, lorsque d'immenses marais couvrent un sol fertile, lorsque des landes isolées présentent l'image de vastes déserts, lorsque les collines restent couvertes de mousse et de bruyère, lorsqu'un peuple ne sait pas employer utilement sa population, que des canaux ne sont pas ouverts au milieu des champs arides, que les rivières cessent d'être navigables, que les ruisseaux peuvent, dans les saisons de pluie, se former en torrens et dévaster les campagnes, qu'aucune mesure n'est prise contre les alluvions des fleuves, que le commerce languit, qu'un esprit de luxe et d'orgueilleuse frivolité s'est emparé de toutes les classes, les colonies doivent lui être à charge, elles ne peuvent être utiles qu'à l'état dont l'agriculture est florissante, dont les manufactures sont en pleine activité, et dont la population est nombreuse ; et, dans cette hypothèse, je voudrais même peser dans une juste balance le degré réel d'utilité.

Le plus sage sera donc toujours de dire avec Arthur Young qu'un Russe, un Allemand ou un Italien sont aussi assurés d'avoir du sucre et du café, que les nations qui possèdent les îles de l'Amérique, pourvu qu'ils soient assez riches pour payer ces productions. Or, le Russe, l'Allemand et l'Italien seront toujours assez riches, si l'agriculture est l'objet spécial des soins de leur gouvernement, si le système des finances est tellement combiné, qu'il ne soit pas un fardeau pour les peuples, si le commerce est libre, les transactions faciles et les débouchés nombreux.

Aurait-on oublié que la garde des colonies coûte des sommes immenses ; sans elles, la France aurait-elle été dans la nécessité d'entretenir une marine militaire, ruineuse sous tous les rapports ? Oui, la garde des colonies a toujours été pour la France une charge énorme, et l'obligation de les défendre a presque toujours emporté la totalité des bénéfices que procuraient ces possessions éloignées.

Ainsi la France, avant 1789, dépensait, d'une part, cinquante ou soixante millions par an pour une marine qui n'avait pu jamais défendre ses colonies, et, de l'autre, elle attirait le placement des grands capitaux dans ces mêmes colonies, pour soutenir sa marine. On aperçoit ici du reste que si les colonies avaient été indépendantes, la liberté du commerce leur aurait assuré, ainsi qu'à toutes les nations, des avantages inappréciables ; et, il faut le dire, sur ce point l'évidence est pleine et entière.

Mais allons plus loin : en voulez-vous absolument des colonies soumises à votre domination ?

Vous avez donc un surcroît de richesses, vous avez donc une population abondante, je consens à admettre l'un et l'autre ; et, dans ce cas, vous n'avez pas besoin de recourir au vil trafic des esclaves.

Il est impossible d'élever la culture au plus haut point de prospérité dans vos colonies de l'Amérique et de la Guadeloupe sans recourir aux plus barbares moyens.

Renoncez à l'idée de ramener sous le fouet d'un commandeur des hommes qui n'aspirent qu'à l'indépendance, renoncez à l'idée de les assujettir aux travaux les plus pénibles sans aucune utilité pour eux.

N'arrachez plus les africains à leur patrie; n'encouragez plus un commerce inhumain, civilisez les noirs qui sont restés en votre puissance, rattachez-les à la culture par une police douce et juste, et surtout par l'attrait des jouissances que le travail peut leur procurer.

Gardez-vous de croire, comme l'ont dit autrefois quelques tyrans féroces, que le noir est paresseux, menteur, libertin, voleur et incapable de prévoir jamais l'avenir.

Gardez-vous de croire que, parce qu'il n'a besoin ni de vêtement, puisque le climat des Antilles lui permet de rester nu, ni d'aliment, puisque le manioc, les patates et les ignames qui le nourrissent y croissent sans culture ; que dès-lors le sol restera en friche, et que la métropole sera réduite à acheter de l'étranger le café, le sucre et l'indigo.

Sachez que le noir qui n'aimera pas le tra-

vail, sera celui dont vous aurez fait un instru-
ment dans la société, en le réduisant à l'esclavage. Il est d'ailleurs tout simple qne l'homme
qui ne sent aucun des rapports qui le lient aux
autres hommes, qui se trouve placé dans un
état d'abrutissement, se maintienne constam-
ment en défiance contre ceux qui l'oppriment.
N'imputez ses défauts qu'à vous-mêmes, puisque
vous l'avez mis au-dessous de l'animal dont l'ins-
tinct n'est pas altéré. C'est l'esclavage qui est
la source de toute infériorité, il arrête toujours
le développement de toutes les forces morales
ou intellectuelles; la liberté peut seule les con-
server et les accroître.

Connaissez mieux les noirs, vous tous qui
aspirez à vivre des flots de leurs sueurs. Les
noirs aiment leurs femmes, leurs enfans et les
plaisirs purs; ils sont ainsi susceptibles de vertus, d'émulation et de civilisation.

Ils ont une adresse et une aptitude singulières
pour la danse, pour la musique et pour tous
les exercices d'émulation; ils sont ainsi ca-
pables de sentir le charme des arts et les douceurs qu'ils procurent.

Donnez-leur des propriétés, donnez-leur de
nouveaux besoins, et avec eux de nouvelles
jouissances; sachez les élever graduellement à

la dignité de l'homme libre, vous les verrez alors probes, actifs, laborieux et intelligens.

L'histoire des noirs abonde en traits de fidélité, du plus touchant dévouement et de la reconnaissance la mieux exprimée.

Il est juste d'en citer un exemple.

Au Cap-Français, Louis Desroulaux avait obtenu de M. G. B., son maître, la promesse de son affranchissement; mais son zèle le rendant chaque jour plus nécessaire, M. G. B. différait sans cesse de lui donner sa liberté : Louis Desroulaux résolut alors de l'acheter ; ses travaux, ses économies lui eurent bientôt procuré la somme suffisante, il l'offrit à son maître pour prix d'une indépendance tant de fois promise. Non, je la refuse, répondit M. G. B. ; j'ai trop trafiqué du sang de mes semblables; sois libre, tu me rends à moi même. Bientôt après, M. G. B. vendit son habitation et s'embarqua pour la France.

Pour se rendre dans sa province, M. G. B. devait traverser Paris; il ne voulait s'y arrêter qu'un moment, mais les plaisirs variés de cette capitale le retinrent jusqu'à ce qu'il eût dissipé les richesses acquises par de longs et heureux travaux. Dans son désespoir, il se résolut à aller solliciter en Amérique les services de ceux dont il avait facilité l'avancement.

Son arrivée au Cap-Français causa une surprise

universelle; sa situation ne fut pas plus tôt connue qu'on s'éloigna généralement de lui ; toutes les maisons lui furent fermées, aucun cœur ne s'ouvrit à la compassion. Je me trompe, Louis Desroulaux vint tomber à ses pieds : « Daignez, lui dit ce vertueux affranchi, daignez accepter la maison de votre esclave; on vous y servira, on vous y obéira, on vous y aimera. »

Louis Desroulaux s'aperçut bientôt que le respect qu'on doit aux infortunés, que les égards qu'on doit aux bienfaiteurs ne rendaient pas heureux son ancien maître, il le pressa d'aller vivre en France : « Ma reconnaissance vous y suivra, lui dit-il en embrassant ses genoux, voilà un contrat de quinze cents francs de rente que je vous conjure d'accepter; cette nouvelle marque de bonté remplira mes jours de consolation. » M. G. B. partit : depuis cette époque, la pension fut toujours payée d'avance.

J'ai besoin d'ajouter à ce récit touchant qu'un grand nombre des anciens colons de Saint-Domingue n'ont eu, depuis quinze ans, en Europe et dans les États-Unis où ils se sont réfugiés, que les secours que leur ont fait passer leurs anciens esclaves.

Voilà les noirs, c'est par d'aussi solides vertus qu'ils méritent l'estime et la vénération des hommes qui osent les juger sans partialité.

Toutes ces différentes idées que m'inspire mon amour pour la justice, ont le double but de rendre aux esclaves de la Martinique, de la Guadeloupe et des autres possessions françaises, toute la portion de bonheur à laquelle ils ont droit de prétendre, en leur seule qualité de créatures humaines, et d'anéantir la traite, c'est-à-dire cet infâme marché où l'Européen achète la liberté des malheureux Africains que d'autres hommes viennent leur vendre.

Il faut mettre au grand jour ici toutes les raisons que l'avarice emploie pour justifier ce honteux trafic.

Ce sont, disent les marchands de chair humaine, des prisonniers qui seraient mis à mort suivant les lois de la guerre, si on ne leur sauvait pas la vie en les achetant. Barbares, vous joignez la plus coupable cupidité à la plus extrême mauvaise foi!... Peut-être, il est vrai, ces infortunés seraient victimes des cruels usages admis dans leur patrie ; mais, dites-nous quelle est la cause de ces guerres autrefois si rares, et maintenant si communes dans l'intérieur de l'Afrique ? C'est la traite, c'est le désir de faire des prisonniers pour les vendre, qui arme les peuplades rivales ; c'est donc vous seuls qui êtes les auteurs de tant de meurtres et de tant d'oppression. Si ce négoce abominable n'existait pas, ces désordres auraient un terme ; et les peuples africains, pour se procurer les produits de notre industrie dont nous leur avons rendu l'usage nécessaire, tourneraient leur activité vers la culture et vers les arts, au lieu de l'employer à la destruction de leurs semblables. Cessez donc, hommes cruels, hommes sanguinaires, de nous vanter votre étrange humanité.

Mais que dis-je? Rien ne s'oppose à ce que nos colonies soient cultivées par des Français. Le climat de la Martinique et de la Guadeloupe n'est pas plus ardent que l'été du Roussillon, de la Provence et du bas Languedoc ; si donc il est indispensable que la France ait des colonies, pourquoi ne pas transporter aux Antilles une multitude d'individus sans occupation, sans état et sans fortune ; peu de mois suffiront pour les acclimater ; et si, d'une part, le gouvernement leur fournit les avances et les encouragemens nécessaires, et que, de l'autre, on s'applique à simplifier le travail par l'introduction de la charrue, les succès passeront bientôt toute espérance, et l'intérêt de la métropole se conciliera avec l'intérêt de l'humanité.

Je ne terminerai pas ce chapitre sans revenir sur ma proposition favorite. La France est loin de posséder les capitaux nécessaires pour la mise en valeur de son territoire européen ; et les colonies qui lui restent, dans l'état où se trouvent son agriculture, son commerce et ses finances, quelques moyens qu'on prenne d'ailleurs, ne peuvent être qu'un objet d'épuisement pour elle. Personne ne doute aujourd'hui que l'Espagne ne fût plus puissante avant la découverte du Nouveau-Monde qu'elle ne l'était au commencement du siècle.

On parle assez généralement du triste état de l'agriculture de la France, et personne ne précise rien sur cette matière importante. Je veux, s'il se peut, m'épargner ce reproche, et voici des faits positifs :

La France, essentiellement agricole, est l'un des états de l'Europe le plus favorisé de la nature, placée entre les deux mers, bornée à l'est par les Pyrénées, au midi par les Alpes, avec une surface de 47,299,432 hectares, forte d'une population de trente millions d'habitans, dont 23,047,352 individus sont répandus dans les campagnes, et le surplus dans les bourgs et dans les villes. La France ne recueille pas le tiers des productions qu'elle a droit d'attendre d'un climat doux et tempéré, et d'un climat qui, par sa nature généralement calcaire, est susceptible d'une culture facile et productive.

Cinq millions cinq cents hectares de qualité première, composés des marais desséchés du

Bas-Poitou, de la Limagne, d'Auvergne, du Quercy, de la Flandre, de l'Alsace, de l'Artois, d'une partie de la Normandie, de la Beauce, de la Picardie, font un peu plus du dixième du territoire français ; ses autres parties, excepté la vigtième, sont inégalement bonnes : cette dernière est improductive ; ce sont des landes, de la Bretagne, du Maine, de la Gascogne, et de la craie pure.

Quatre millions d'hectares seulement dans la Flandre, l'Alsace, l'Artois et la Limagne donnent abondamment à des travaux bien dirigés ; les quarante-trois autres millions, sous l'empire des mauvaises méthodes, refusent aux cultivateurs ce qu'ils prodigueraient avec moins d'obstacles, si ces derniers pratiquaient de bons moyens d'agriculture.

Quarante-trois millions d'hectares sont donc susceptibles d'amélioration.

Dans l'état actuel, le cadastre évalue le produit d'un hectare, l'un dans l'autre, à 3o fr. 65 cent. Or, il est possible de le porter facilement à 45 fr.; et, dans ce cas, on voit que les produits territoriaux de la France augmenteraient de 645,ooo,ooo tous les ans.

Quel énorme avantage, bien supérieur sans doute aux revenus qu'on pourrait attendre des possessions coloniales !

Je le demande maintenant, peut-on essayer de faire concourir l'amélioration de l'agriculture en France avec le rétablissement des colonies ?

Si cette question pouvait être décidée pour l'affirmative, d'où tirerait-on les sommes immenses réclamées pour tous ces besoins ?.... Serait-ce du commerce ? Mais qui remplacerait dans la caisse du négociant les capitaux si nécessaires aux progrès de l'industrie et au perfectionnement des arts ?

Par quels moyens pourrait-on fournir à la fois aux avances nécessaires pour améliorer l'agriculture, soutenir le commerce intérieur et ressusciter le commerce extérieur ?

Une réponse satisfaisante devient ici impossible, et dès-lors il est permis de conclure que les colonies qui restent encore à la France sont pour elle une cause d'épuisement et de faiblesse.

Après avoir établi ce principe, dont la force et la vérité ne peuvent être contestées, je me trouve naturellement autorisé à tirer cette conséquence : que, si la France ne peut utiliser pour elle la possession des colonies qui sont encore sous sa dépendance, il y aurait absence d'esprit et folie incurable de songer à faire ren-

4 *

trer, à main armée, l'île d'Haïti sous sa domination.

J'ai déjà dit que la France n'avait plus réellement aucun droit d'empire à exercer sur le territoire d'Haïti : je soutiens maintenant qu'elle ferait en vain l'emploi de toutes ses forces pour tenter d'arriver à la conquête de ce pays.

Quelle gloire d'ailleurs qu'une gloire souillée, déshonorée, dégoûtante d'infamies, de sang et de cruautés...... Ce n'est plus dans ce siècle que l'esprit destructeur des conquêtes, ce monstre hideux, sorti des gouffres empestés de l'enfer, pourra se rendre méconnaissable, en cherchant à cacher sa répugnante nudité sous des ornemens et des palmes, sous un éclat qui n'est pas fait pour lui.

Au reste, qu'on ne s'y trompe pas, les Haïtiens sont devenus un peuple redoutable ; au moindre signal, cent mille hommes peuvent s'élancer sur les bords de leur île, et lutter corps à corps pour défendre leurs droits et leur liberté.

Citoyens de l'Europe, écoutez avec recueillement le noble langage de ces esclaves régénérés ; entendez surtout le serment généreux que, sur l'autel de la patrie, vient de prononcer,

au nom de tout un peuple, le sage président
du sénat d'Haïti (1).

« Haïtiens, a dit ce vertueux magistrat, trois
« siècles d'opprobre pesaient sur nos têtes; de-
« puis trois siècles, les enfans d'Haïti gémissaient
« sous la verge flétrissante du plus affreux despo-
« tisme; mais le cri de la nature se fit entendre, et
« le jour solennel dont nous célébrons le dix-neu-
« vième anniversaire, ce jour mémorable dans
« nos annales, transmettra à nos neveux l'époque
« où nous jurâmes de vivre libres, indépendans,
« et de renoncer à jamais à toute domination
« étrangère; nous le jurâmes en présence de
« l'Être-Suprême; nous le jurâmes sur les osse-
« mens mutilés de nos pères, de nos femmes,
« de nos enfans; nous le jurâmes sur un mon-
« ceau de cendres détrempées dans notre
« sang..... Mânes plaintifs de nos frères,
« martyrs de la liberté, vous l'avez entendu ce
« serment sacré : reposez en paix au sein de
« vos tombeaux; votre sang a coulé pour la
« patrie, votre sang sera vengé !

« Haïti! ô ma patrie! toi dont la tête altière
« s'élève au-dessus de tes glorieuses ruines! tu
« seras riche et puissante de l'harmonie, de la

---

(1) M. le sénateur contre-amiral Panayoti, l'un des
hommes les plus distingués de la république par ses
vertus et ses rare stalens.

« concorde qui régneront désormais parmi tes
« enfans. De leurs propres mains ils ne déchi-
« reront plus leurs entrailles : leur sang est à
« la patrie ; c'est pour elle que ce sang doit
« couler, c'est pour elle que ce sang doit se
« confondre avec celui de ces désolateurs de
« l'humanité qui, sous le prétexte de la servir, vont
« arracher d'une plage lointaine des enfans aux
« tendres soins d'une mère ; un père à ses en-
« fans ; des hommes du sein de leur famille pour
« les plonger, sur une terre étrangère, dans un
« esclavage odieux. Tyrans du Nouveau-Monde !
« frémissez de la réunion qui vient de s'opérer
« parmi nous ! Non, le sang des victimes de votre
« cupidité n'arrosera plus cette terre sainte. Et
« toi, soleil, toi qui, pendant trois siècles, éclai-
« ras dans ces contrées les forfaits les plus inouïs,
« toi, puissant auxiliaire, toi, vengeur de nos
« climats, répands une douce influence sur les
« travaux d'un peuple libre qui, à l'ombre de la
« paix, se livre à l'agriculture, aux arts, aux
« sciences et au commerce.

« Mais qu'entends-je, Haïtiens ? loin de
« notre patrie, au-delà des mers, il est en-
« core des âmes généreuses : j'entends la voix
« de ces apôtres de notre juste cause, qui,
« après avoir porté leurs vœux jusqu'au pied
« du trône de la divinité, les manifestent sur la

« terre, en foudroyant dans leurs écrits ces
« marchands de chair humaine, qui, couverts
« de la lèpre des préjugés, ne cessent d'ou-
« trager l'humanité et de la dégrader aux yeux
« de la nature. Que ces apôtres de la liberté
« sont dignes du tribut de notre reconnais-
« sance! Prêtons l'oreille à leurs leçons ; soyons
« scrupuleux observateurs de nos lois ; atten-
« tifs à tous nos devoirs : que l'expérience de
« nos malheurs passés nous serve de guide.
« Imitons ces peuples de l'antiquité, dont la
« mémoire se serait perdue dans la nuit des
« siècles, s'ils ne s'étaient illustrés par leur
« courage, leurs malheurs et leurs vertus; que
« la fraternité, l'union et la concorde règnent
« étroitement parmi nous : ce sont là les écueils
« où viendront se briser les tentatives et la rage
« de nos anciens oppresseurs.

« C'est autour du palmier, où nous sommes
« en ce jour réunis, que nous devons chaque
« année rappeler à nos enfans les outrages
« faits à leurs pères ; c'est autour de cet arbre
« que nous devons leur dire : Ici dorment les
« dépouilles mortelles de l'illustre Alexandre
« Pétion, fondateur de la république ; que ce
« nom soit à jamais gravé dans vos cœurs; que
« les enfans de vos enfans le répètent avec ad-
« miration et attendrissement. C'est ici, c'est

« dans ce lieu même où vous vous réunirez tous
« les ans, que dans un saint enthousiasme vous
« ferez entendre ces mots terribles : *Jurons de*
« *nous faire tous immoler sur les débris de ce*
« *monument funèbre , plutôt que nous sou-*
« *mettre à une domination étrangère.* » . . . . . .
. . . .

Est-il clair maintenant que la France ne doive
rien attendre d'une expédition militaire contre
Haïti. Les temps calamiteux qui viennent de
s'écouler nous ont révélé sans doute que les
peuples corrompus sont plus ou moins dispo-
sés à trahir leurs sermens, selon que la crainte
ou l'intérêt le leur commandent ; mais les peuples qui, plus rapprochés de la nature, en ont
conservé toute la mâle énergie, savent mourir :
ils ne se parjurent jamais.

CHAPITRE V.

D'un bon traité de commerce avec la république d'Haïti.

———

Réconnaître l'indépendance de la république d'Haïti, c'est, de la part de la France, dans les circonstances où se trouve l'Europe, un acte de la plus sage politique.

En effet les Haïtiens plus familiarisés avec les mœurs françaises, les Haïtiens, pour qui la langue française est devenue nationale, s'empresseront de multiplier leurs relations avec un peuple qu'ils aiment aujourd'hui, parce qu'ils n'ont plus à le craindre.

Une voix intérieure rappellera plus d'une fois aux Haïtiens que la France est en quelque sorte leur mère-patrie; et s'ils se sont refusés à souffrir son joug comme souveraine, on les verra briguer sa bienveillance comme amie, et la prévenir par une multitude d'égards.

Le premier lien destiné à les attacher doit être un sentiment de gratitude : tout invite le gouvernement français à se montrer grand et généreux, et à prendre, à la face de l'Europe,

à l'égard de la république d'Haïti, le carac-
tère sacré de bienfaiteur.

La conséquence nécessaire qui doit en ré-
sulter, c'est un traité de commerce avantageux
pour la France. Du moment que ce traité sera
conclu, au grand étonnement de nos rivaux,
nous aurons véritablement conquis le territoire
d'Haïti : c'est pour nous, pour notre commerce
que cette île sera cultivée ; en échange des produits de notre industrie, nous y recevrons les
productions du Nouveau-Monde. Accueillis par
préférence dans ses ports, chéris comme des
frères, honorés comme des amis, nos négo-
cians verront s'accroître la masse de leurs
capitaux, en créant de nouveaux moyens d'é-
change.

Il me paraît certain que, lorsque les traités
de commerce se bornent à autoriser les échanges
entre deux peuples, qui n'avaient auparavant
aucun commerce entre eux, de tels traités sont
avantageux aux deux peuples, et doivent ac-
célérer les progrès de leur travail, de leur industrie et de leurs richesses. Au surplus, on
aurait mal compris ma pensée, si on voulait
conclure de ce qui précède, que je demande
pour la France un traité de commerce exclusif. Je sais de reste que les traités exclusifs ne
présentent que de faibles et stériles avantages,

parce qu'ils établissent un monopole qui doit baisser le prix des produits à l'égard des producteurs, et les hausser à l'égard du consommateur.

Je sais aussi que par là même ils découragent la production, en diminuant la consommation.

Je sais enfin que plus la circulation est étendue et générale, plus elle est profitable et avantageuse aux producteurs et aux consommateurs.

Ces faits posés, je me borne à souhaiter que le principal effet du traité de commerce qui doit unir le gouvernement français avec la république d'Haïti, ne tolère la circulation des produits des autres peuples qu'à des conditions plus onéreuses que celles stipulées par la France.

Ainsi les limites imposées à la circulation générale, sans être trop funestes au commerce européen, seront favorables au commerce des Français.

Ainsi la France aura reçu le prix de sa sagesse, et, si l'on veut, de sa générosité.

CHAPITRE VI·

Garantie pour les peuples.

CETTE garantie se trouve naturellement dans la constitution de la république d'Haïti.

Je me plais à recueillir ici ses principales dispositions : elles serviront de réponse énergique aux calomnies que répandent au loin les détracteurs d'un peuple essentiellement vertueux.

Le peuple haïtien proclame, en présence de l'Etre-Suprême, la présente constitution de la république d'Haïti, pour consacrer à jamais sa liberté et son indépendance.

ART. I. Il ne peut exister d'esclaves sur le territoire de la république d'Haïti : l'esclavage y est à jamais aboli.

ART. III. Le droit d'asile est sacré et inviolable, sauf le cas prévu par la loi.

ART. IV. Le gouvernement d'Haïti n'est point héréditaire ; il est électif.

ART. V. La république d'Haïti ne formera jamais aucune entreprise dans les vues ni de faire des conquêtes, ni de troubler la paix et le régime intérieur des états et des îles étrangères.

ART. XIX. La garantie sociale ne peut exister, si la division des pouvoirs n'est pas établie, si leurs limites ne sont pas fixées, si la responsabilité des pouvoirs n'est pas assurée.

ART. XX. Tous les devoirs de l'homme et des citoyens dérivent de ces deux principes gravés par la nature dans tous les cœurs : *Ne faites pas à autrui ce que vous ne voudriez pas qu'on vous fît. Faites aux autres tout le bien que vous voudriez en recevoir.*

ART. XXI. Les obligations de chacun envers la société consistent à la défendre, à la servir, à vivre soumis aux lois, à respecter tous ceux qui en sont les organes.

ART. XXII. Nul n'est bon citoyen, s'il n'est bon fils, bon père, bon frère, bon ami, bon époux.

ART. XXIII. Nul n'est homme de bien, s'il n'est franchement et religieusement observateur des lois.

ART. XXIV. Celui qui viole ouvertement les lois, se déclare en état de guerre avec la société.

Maintenant, je le demande, est-il rien de plus suge que de tels principes? quelle garantie de plus faut-il à l'Europe civilisée?

CHAPITRE VII.

Conclusion.

QUEL spectacle que celui de l'univers embelli par la culture et vivifié par le commerce ! Des terres sillonnées par des cultivateurs opulens, des mers couvertes de navires, des millions d'hommes rapprochés sans cesse par leurs intérêts ne forment-ils pas un tableau plus touchant que ces armées, que ces escadres que les furies accompagnent, et qui portent en tous lieux le désespoir, l'incendie et la mort ? Est-ce pour nous détruire que l'auteur de tous biens nous a doués de force et d'intelligence ? Ah ! profitons plutôt du petit nombre de jours qu'il nous accorde pour améliorer notre situation et celle de l'espèce humaine. N'oublions pas, en parcourant l'histoire du dix-huitième siècle, que tous les fléaux qui ont désolé l'Europe auraient été évités, si la liberté du commerce des colonies eût été proclamée, si surtout la barbarie n'eût point trafiqué du

sang de l'innocence. Cessons de nous extermi-
ner sans motifs , et que désormais la puissance
des peuples ne soit employée qu'à multiplier
le bonheur et les richesses par la prospérité
de l'industrie et celle du commerce.

FIN.